W0362548

Ingo Siegner

Alles klar!

Der kleine Drache Kokosnuss

erforscht die Ritter

Ingo Siegner

Alles klar!

Der kleine Drache Kokosnuss

erforscht die Ritter

cbj

Inhalt

Burgherr Walther von der Blumenwiese in Gefahr!

Der kleine Drache Kokosnuss hüpft freudig auf und ab. Am Himmel hat er seinen Onkel Ingmar erspäht.
„Da kommt er! Da kommt er!", rufen seine Freunde, das Stachelschwein Matilda und der Fressdrache Oskar. Sie sind sehr gespannt, was Onkel Ingmar dieses Mal aus dem Reich der Ritter zu erzählen hat. Ingmar wechselt sich bei der Bewachung des Drachenbaums mit anderen Feuerdrachen ab. Den Drachenbaum[1] wollten die früheren Burgherren der nahen Ritterburg immer fällen. Aber jetzt ist es nur noch Tradition, dass die Feuerdrachen hier Wache schieben.
Rums!, landet Onkel Ingmar auf dem weichen Sandstrand der Dracheninsel. Die Freunde stürmen auf ihn zu.
„Hallo, Onkel Ingmar!", rufen sie.
„Kinder!", ruft Onkel Ingmar. Er ist ganz außer Puste. Im Gesicht hat er lauter rote Flecken. Und er sieht ganz aufgelöst aus.
„Es ist etwas Entsetzliches passiert!"
Die Freunde starren Onkel Ingmar an.
„Was ist denn los?", fragt Kokosnuss. „Seit wir den Schwarzen Ritter verjagt haben, ist es im Reich der Ritter doch ganz friedlich."

[1] Alles über den Drachenbaum, Walther von der Blumenwiese und Franz den Finsteren erfährst du in dem Buch „Der kleine Drache Kokosnuss und der Schwarze Ritter".

„Genau", sagt Matilda, die sich noch gut an das Abenteuer mit dem fiesen Schwarzen Ritter erinnert. „Jetzt ist Walther von der Blumenwiese der Burgherr und der Drachenbaum ist nicht mehr in Gefahr."
„Aber das ist es ja gerade!" Onkel Ingmar schüttelt bekümmert den Kopf. „Auf der Burg wird es nicht mehr lange friedlich bleiben, denn der Schwarze Ritter ist zurückgekommen und belagert wieder Walthers Burg."
„Wie bitte?", rufen Kokosnuss und Matilda entsetzt. Oskar war damals nicht dabei, als seine Freunde mit Onkel Ingmar im Ritterreich waren. Aber sie haben ihm natürlich alles über Walther und seine schöne Frau Bruniberta erzählt.
Onkel Ingmar nickt heftig mit dem großen Kopf. „Ja, ja, mit Wurfgeschossen und Rammböcken hat er schon angegriffen!"
„Ach, du dickes Drachen-Ei!", ruft Kokosnuss. „Walther braucht unsere Hilfe!"
„Allerdings!", ruft Onkel Ingmar. „Er hat zwar eine tolle Ritterburg mit dicken Mauern und eine Waffenkammer voller Ritterwaffen. Aber Walther ist noch gar kein richtiger Ritter!"
„Oh, dann wird er die Unterstützung von ein paar mutigen Drachen bestimmt nicht ab-

lehnen“, sagt Matilda. „Du hast den Schwarzen Ritter doch schon mal verjagt.“ Bevor ihn Bruno der Bärtige zum Burgherrn gemacht hat, war er ein Minnesänger, der Lieder gedichtet hat. Seine Ritterprüfung muss Walther erst noch ablegen. Und ehrlich gesagt tut er sich etwas schwer mit dem Kämpfen.“

„Ja“, sagt Onkel Ingmar. „Aber mit eurer Hilfe schafft er es. Würdet ihr wieder mit mir ins Ritterreich kommen?“

„Na klar!“ ruft Kokosnuss. „Juhu! Wir fliegen zusammen ins Ritterreich und helfen unserem Freund Walther!“

„Supergute Idee!“, ruft Oskar. „Dann lern ich ihn auch mal kennen!“

„Obersupergute Idee!“, ruft Matilda. „Und wenn Franz besiegt ist, erforschen wir das Leben der Ritter! Dafür war beim letzten Abenteuer viel zu wenig Zeit.“

„Walther, wir kommen!“, ruft Onkel Ingmar. „Ha, der Schwarze Ritter wird sein blaues Wunder erleben!“

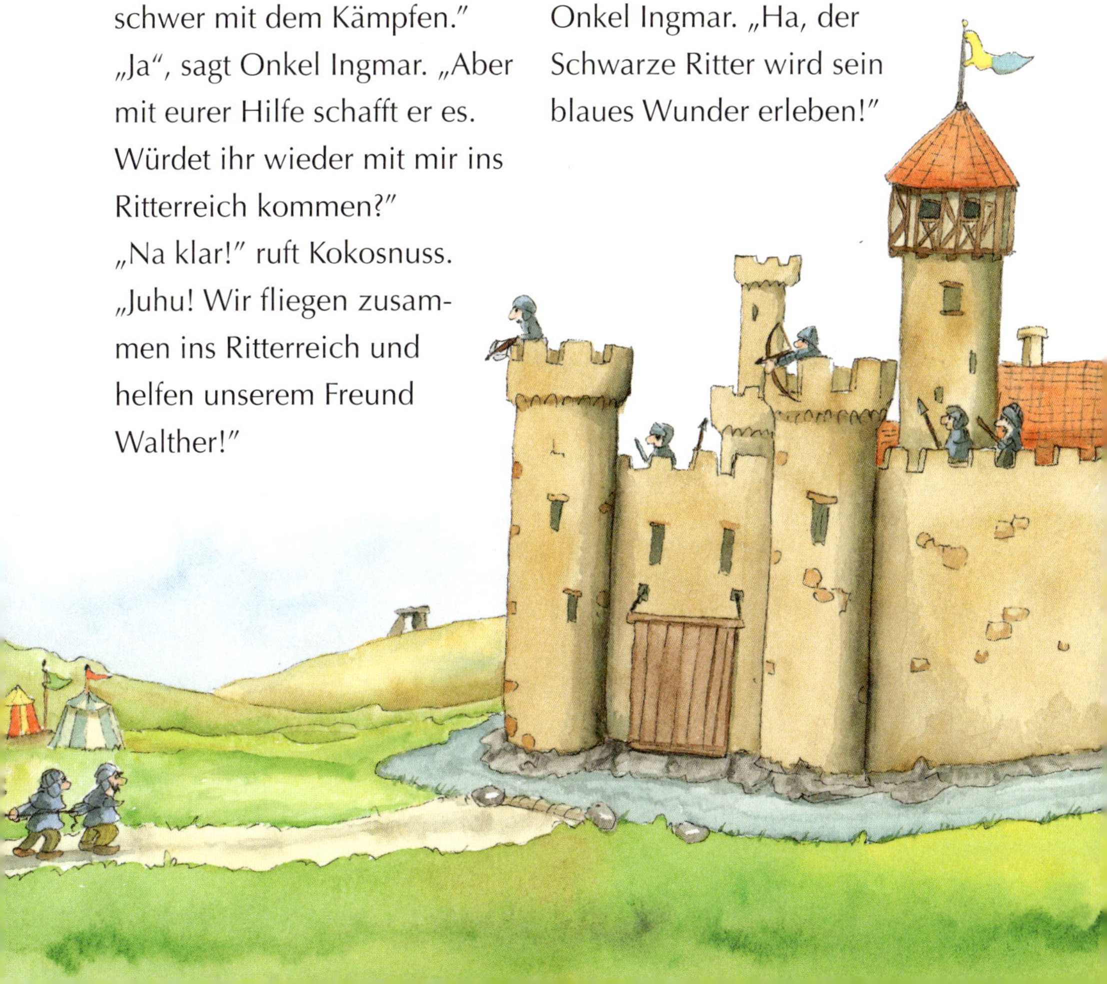

Die Reise ins Reich der Ritter

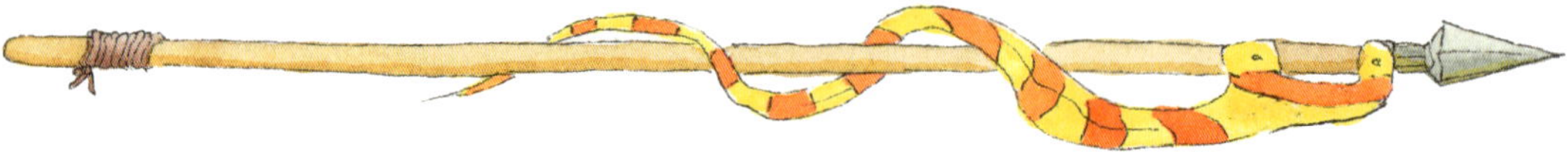

In Windeseile packen die Freunde ihre Siebensachen und klettern in einen großen Koffer, den sich Onkel Ingmar auf den Rücken schnallt.
„Haltet euch gut fest!“, ruft er und steigt in den Himmel auf.
„Onkel Ingmar, erzähl uns doch auf der Reise was über Ritter“, sagt Kokosnuss.
„Gern!“, ruft sein Onkel.
„Ich lese ja am liebsten Ritterbücher, wenn ich am Drachenbaum Wache halte!“
„Weißt du, seit wann es Ritter gibt?“, fragt Kokosnuss.
„Oh, vor über 1200 Jahren gab es einen wichtigen König“, sagt Onkel Ingmar. „Er hieß **Karl der Große**[2].“

[2] Karl der Große lebte von 747 oder 748 bis 814. Nach dem Tod seines Vaters König Pippin 768 und dem Tod seines verfeindeten Bruders Karlmann 771 wurde er König über das ganze Frankenreich.

„Wie groß war der Karl denn?“, fragt Oskar.
„Vermutlich über 1,80 Meter groß, vielleicht sogar 1,90 Meter. Aber er wurde ‚der Große‘ genannt“, sagt Ingmar, „weil er so mächtig war. Als König des Frankenreichs führte er viele Kriege, damit sein Reich immer größer und er selbst noch mächtiger wurde. Und weil er so erfolgreich war, ließ er sich an Weihnachten im Jahr 800 nach Christus zum Kaiser krönen.“
„Eine Krone als Weihnachtsgeschenk!“, staunt Kokosnuss.
„Aber wie war das mit den Rittern?“
„Ein großes Reich wird immer angegriffen – besonders wenn man selbst nicht sehr friedlich ist“, sagt Onkel Ingmar. „Die

Mauren, das waren arabische Krieger, die auf schnellen Pferden ritten, hatten zu dieser Zeit Spanien erobert. Und von Osten griffen die **Awaren** an, asiatische Reiterkrieger. Gegen sie hatte Karls Heer, das zu Fuß kämpfte, keine Chance. Also begann der Kaiser, Reitertruppen auszustatten – die **Panzerreiter**. Sie trugen einen schweren Brustpanzer aus Leder mit Eisenplättchen und auf dem Kopf einen Helm. Als Waffen hatten sie Schild, Lanze, Schwert, Pfeil und Bogen. Und sie besaßen schnelle, furchtlose Pferde. Die Sättel hatten Steigbügel, sodass die Reiter guten Halt hatten und sogar stehend kämpfen konnten."

„Puh", stöhnt Matilda. „Warum mussten die immer miteinander streiten?"

Onkel Ingmar wiegt den Kopf. „Es war eine unruhige Zeit", sagt er. „Aus den Panzerreitern des 9. Jahrhunderts wurden die **Ritter** – mit immer prächtigeren Rüstungen und großen Burgen. Weil sie so erfolgreich waren, wurden die Ritter vom König mit eroberten Ländereien belohnt. Gut 600 Jahre lang gab es Ritter in ganz Europa – und sie haben das Leben der Menschen und die Kultur des **Mittelalters**[3] bis in das 14. Jahrhundert stark beeinflusst."

„Aaaah!", schreien Kokosnuss, Matilda und Oskar – denn Onkel Ingmar muss einem Geschoss ausweichen!

„Frechheit!", ruft er empört. „Das war dieser Schwarze Ritter. Schaut mal unter uns, da belagert er Walthers Burg!"

[3] Als „Mittelalter" wurde die Zeit (600–1500 n. Chr.) erst von Wissenschaftlern der Neuzeit bezeichnet, die sich von der ihrer Meinung nach „finsteren Zeit" abgrenzen wollten. Die Herrscher des Mittelalters nannten ihre Epoche „christliches Zeitalter". Sie wollten, dass alle Menschen Christen wurden.

Sturm auf die Burg!

Vorsichtig lugen die Freunde über den Rand des Koffers. Die Burg von Walther ist von Angreifern umlagert! Rings um die Burg haben sie **Katapulte** aufgestellt. Ein paar Männer werfen Sandsäcke und Steine in den Burggraben.

„Ach, du dickes Huhn!", ruft Ingmar. „Sie haben Steinschleudern, die man **Tribok** oder **Blide** nennt. An der einen Seite des Balkens ist ein Gegengewicht angebracht. An der anderen Seite hängt ein Netz aus Seilen. Da hinein wird die Munition gelegt – 90 bis 100 Kilo schwer!"

„Aber damit zerstören sie doch die Burg!", ruft Kokosnuss erschrocken.

„Sie werden nur kleine Löcher in die Burgmauer sprengen", sagt Ingmar. „Schließlich wollen sie sich eine Burg unter den Nagel reißen, die möglichst heil ist. Deswegen beladen sie die Blide mit Fässern, die mit heißem Pech gefüllt sind oder mit stinkendem Ihr-wisst-schon-was oder mit Bienenkörben."

„Pfui Teufel, wie gemein!", ruft Matilda. „Und das Burgtor bearbeiten Franz' Leute mit einem **Rammbock**!"

„Tja", sagt Ingmar. „Wenn es keinen Verräter in der Burg gibt, der für die Angreifer eine Tür offen lässt, müssen sie die Schwachstellen der Burganlage suchen, um hineinzukommen. Der Rammbock wird auch **Widder** genannt, weil vorne am Holzbalken ein Widderkopf aus Metall angebracht ist."

„Schaut mal!“, ruft Oskar. „Die haben den Burggraben zugeschüttet und fahren mit einem riesigen **Belagerungsturm** aus Holz heran! Der ist höher als die Burgzinnen!“ Ingmar nickt. „Er ist mit nassen Fellen vor den brennenden Pfeilen der Verteidiger geschützt. Vorne lässt sich eine Luke wie eine Zugbrücke ausklappen, über die die Angreifer auf die Burgzinnen springen können.“
„Also wenn ihr mich fragt“, sagt Matilda, „ist es höchste Eisenbahn, Walther und seinen Leuten zu helfen!“

Belagerungsturm

Katapult

Das **Katapult** wurde schon von den Römern verwendet. Die Munition wird in die Vertiefung des riesigen Holzlöffels gelegt. Werden die gespannten Seile gelöst, schießt der Wurfarm nach vorn.

Die **Steinschleuder** (Tribok, Blide) wurde ab dem 12. Jh. eingesetzt. Der Hebelbalken ist beweglich: Wenn sich das Gegengewicht senkt, schnellt das Netz hoch und schleudert die Munition 500 Meter weit.

Der **Rammbock** (siehe Seite 8) bestand aus einem überdachten Gestell, an dem an Metallketten ein riesiger Baumstamm befestigt war. Er wurde von den Männern vor- und zurückgeschwenkt, sodass der Metallkopf mit Wucht an das hölzerne Burgtor krachte.

Der **Belagerungsturm** wurde über den zugeschütteten Burggraben an die Burgmauer gefahren. Über die geöffnete Luke sprangen die Angreifer in die Burg.

Rettung in letzter Sekunde

Onkel Ingmar schwingt sich so steil in die Höhe, dass sich die Freunde am Kofferrand festhalten müssen. Doch genau über Walthers Burg geht er in den Sturzflug. RUMS! Schon landen sie mitten im Burghof. Die Kriegsknechte schreien auf und richten ihre Waffen auf Onkel Ingmar. Greifen jetzt auch noch Drachen an?

„HALT!", ruft da jemand in einer glänzenden Rüstung und klappt das Visier hoch. Walther von der Blumenwiese! Er hat sein Schwert gezückt, denn der Belagerungsturm des Schwarzen Ritters ist der Burgmauer schon bedrohlich nahe. Walther kämpft nicht gern, das weiß Kokosnuss. Aber als Burgherr muss er natürlich seine Burg verteidigen.

„Das sind Ingmar, Kokosnuss und Matilda, unsere Freunde!", sagt er erleichtert zu seinen Mitstreitern.

„Und ich bin euer Freund Oskar!“, ruft der Fressdrache und springt aus dem Koffer. Kokosnuss blickt sich um. Beim Verteidigen der Burg sind Walthers Kriegsknechte nicht zimperlich: Einige benutzen eine **Armbrust** (1) mit kurzen **Pfeilen**, andere schießen mit **Pfeil und Bogen** (4) auf die Angreifer. Für den Nahkampf halten sie **Schwerter** (3) und **Äxte** (2) bereit. Auf dem Burghof wird in großen Pfannen **Pech** erhitzt.

„Wie gut, dass ihr da seid!“, ruft Walther. „Ich habe keine Lust, diesen armen Leuten da unten wehzutun. Aber wenn ich mich ergebe, will Franz meine schöne Bruniberta, meine Burg und meinen ganzen Besitz. Könnt ihr ihm nicht wie beim letzten Mal einen Schrecken einjagen?“ Ingmar schmunzelt. „Mit Vergnügen“, sagt er. Schon stützt er sich mit den Armen auf die Burgzinnen und brüllt aus Leibeskräften. Oskar und Matilda brüllen mit. Kokosnuss fliegt mutig über die Angreifer hinweg und speit Feuer.

„Hilfe!“, kreischt der Schwarze Ritter. „Die Drachen sind zurück. Rette sich, wer kann!“ Schon gibt er seinem Pferd die Sporen und prescht davon. Seine Leute rennen schreiend hinterher.

„Erledigt“, sagt Onkel Ingmar zufrieden.

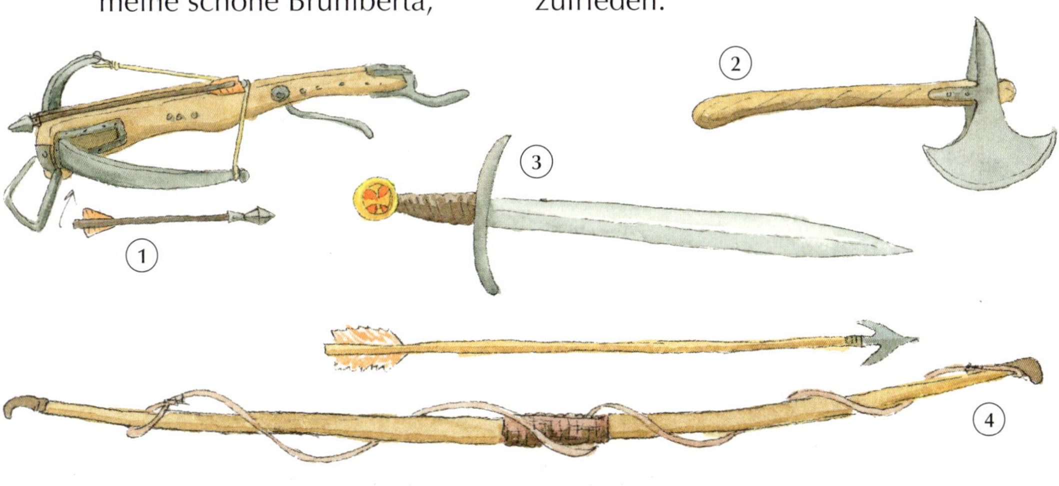

Walthers Ritterburg

Walther setzt seinen Ritterhelm ab und seufzt erleichtert. „Das war Rettung in letzter Sekunde“, gesteht er. „Danke, liebe Freunde. Franz der Finstere hatte uns schon fast ausgehungert.“

„Ausgehungert?“ Oskar traut seinen Ohren nicht.

„Damit fängt jede Belagerung an“, erklärt Walther. „Zuerst werden die Versorgungswege abgeschnitten. Dann baut das Heer der Angreifer den Belagerungsring auf – also sein Zeltlager und seine Waffen. Die habt ihr ja gesehen.“ Die Freunde nicken betreten. „So eine Belagerung kann Wochen und Monate dauern“, erzählt Walther weiter. „Die Burg ist so gebaut, dass sie vielen Menschen Schutz bietet. Normalerweise wohnen auf dieser Burg nur etwa 80 Leute. Aber als Franz mit seinem Heer an-

rückte, haben sich über 200 Bauern aus den umliegenden Dörfern in die Burg geflüchtet. Jede Burg hat einen Brunnen für Trinkwasser und Lebensmittelvorräte. Wenn die Mauern so stark sind, dass die Burg den Angriffen standhält, hoffen die Angreifer, dass sich die Burgbewohner ergeben, wenn sie nichts mehr zu essen haben."

„So eine Gemeinheit", schimpft Matilda.

Walther lächelt. „Zum Glück habt ihr uns geholfen. „Wisst ihr was? Jetzt zieh ich erst einmal meine Rüstung aus und zeige euch die Burg. So kann ich auch gleich schauen, was kaputtgegangen ist und repariert werden muss."

„Ja, ja, das macht ihr mal", sagt Onkel Ingmar. „Und ich schaue beim Drachenbaum nach dem Rechten! Bis nachher, Leute!" Schon schwingt er sich in die Luft.

„Ach, ich freue mich auf den Burgrundgang!", sagt Oskar.

„Also los!“, sagt Walther zu den drei Freunden, nachdem ihm sein Knappe aus der schweren Rüstung geholfen hat. Allein kann die niemand an- oder ausziehen, dafür hat sie viel zu viele Haken, Ösen, Schnüre und Platten.[4] Gemeinsam laufen sie über den Burghof. Die Knechte räumen die Waffen in die Waffenkammer. Und die Bauern packen ihre Sachen zusammen, um auf ihre Höfe zurückzukehren.

[4] Mehr über Ritterrüstungen erfährst du auf Seite 62/63.

„Der Vorläufer der mittelalterlichen Burg war der römische **burgus**“, erklärt Walther. „Ein viereckiger Wacht- und Wehrturm aus Steinen, der von einem Palisadenzaun aus Holz und einem Wassergraben umgeben war. Die ersten Burgen wurden nach diesem Vorbild gebaut: Die **Motte** war ein zwei- oder dreistöckiger Wehrturm aus Holz. Sie stand immer auf einer Anhöhe und war von einem **Wehrdorf** umgeben, also einer Art **Vorburg**. Bei einem Angriff flüchteten

Burg um 1130

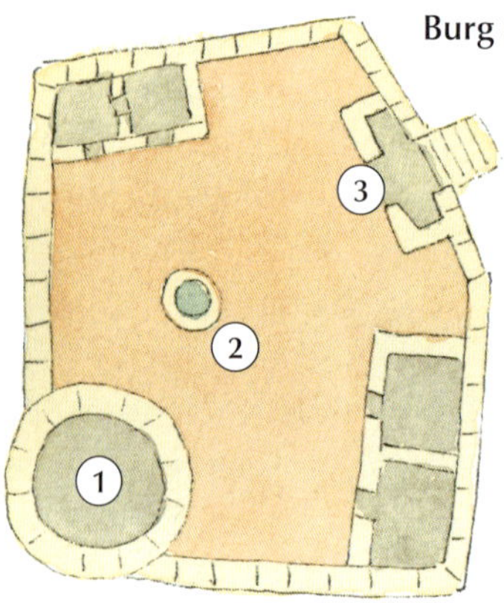

Um 1130 bestand eine Burg aus einem Bergfried und wenigen Gebäuden.

Burg um 1250

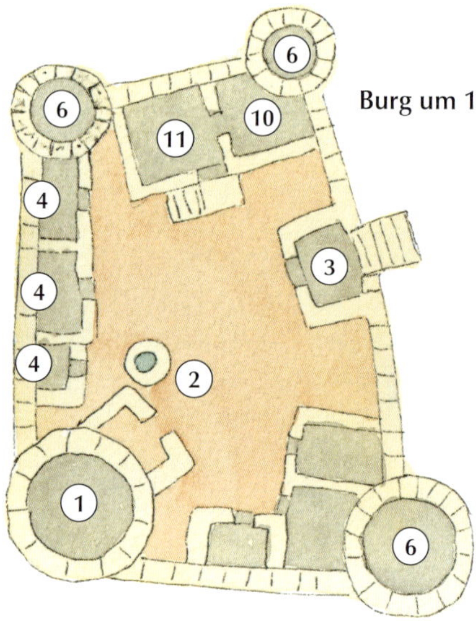

Um 1250 wurde sie um den Palas, einen Turm, Ställe und Werkstätten erweitert.

sich die Menschen in die Motte. Aber weil sie aus Holz war, hielt sie einem Feuer nicht lange stand. Die Menschen bauten immer größere **Wehrtürme** aus Stein, **Bergfried** genannt – idealerweise auf Anhöhen und von Wasser umgeben, damit sie sich gut verteidigen ließen. Im Laufe der Jahrhunderte wurden die Wehrtürme zu großen Burganlagen mit Verteidigungsringen ausgebaut, um vielen Menschen Schutz zu bieten. Die Burgen wurden also immer größer. Es gab auch Vorratsspeicher für Obst, Gemüse und Getreide und Ställe für Vieh und Pferde. Und je wichtiger und höhergestellt der Burgherr war, desto prunkvoller wurde die Burg mit Wohnräumen und Sitzungssälen für politische Treffen und Verhandlungen ausgebaut.“

1 **Bergfried**
2 **Brunnen**
3 **Burgtor**
4 **Wirtschaftsräume**
5 **Lagerräume**
6 **Wehrturm**
7 **Burggarten**
8 **Ställe**
9 **Werkstätten**
10 **Kemenate**
11 **Palas**

Um 1365 hat die Burg viele Türme und Wohngebäude und eine Vorburg voller Wirtschaftsgebäude.

Eine Baustelle im Mittelalter

Die Wurfgeschosse der Angreifer haben an der Burgmauer schlimme Schäden hinterlassen: Die Zinnen und der Wehrgang auf der Innenseite der Mauer wurden sogar weggerissen!

„Das müssen wir alles schnell wiederaufbauen, damit wir für den nächsten Angriff gewappnet sind", sagt der Verwalter Bertram zu Burgherr Walther. Der ist froh, dass Bertram den Bauplan der Burg im Kopf hat. Einen Grundriss auf Pergament oder Papier gibt es im Mittelalter nicht.

Bertram hat die Handwerker schon benachrichtigt. Der **Steinmetz** und die **Zimmerleute** kommen herbeigeeilt. Ein paar Bauern müssen auf der Burg bleiben und als Bauarbeiter aushelfen – ob sie wollen oder nicht. Der Steinmetz schaut, welche der herausgebrochenen Steine wiederverwendet werden können. Neue Steine aus dem Steinbruch zu holen und zu bearbeiten, wäre zu zeitaufwändig! Die Zimmerleute bauen entlang der Mauer ein **Gerüst** aus Holz auf, zu dem eine **Rampe** hinaufführt. Darauf schleppen die Bauarbeiter die Baumaterialien auf ihren Rücken nach oben. Sogar Steine und Eimer voller Mörtel ziehen sie auf Holzschlitten die Rampe hoch.

„Habt ihr keinen Kran?", fragt Matilda. „Oder wurde der noch nicht erfunden …"

„Oh doch!", sagt Bertram stolz. „Einen **Kran** bauen wir oben auf dem Wehrturm auf. Damit werden die schweren Steine hochgehoben. Schaut mal da! Es gibt vorn eine Zange, die sich wie eine Schere öffnet. In die Steinblöcke werden links und rechts Vertiefungen gehöhlt, damit die Zange sicher sitzt."

Kokosnuss geht ein Licht auf. „Aha! Deswegen haben Mauern von alten Gebäuden solche Löcher! Die kann man in unserer Zeit noch sehen."

„Eine Burgmauer besteht aus **drei Schichten**", erklärt Bertram. „Innen und außen aus Quadersteinen, die sorgfältig zusammengefügt und gemörtelt werden. Der Hohlraum zwischen den Mauern wird mit Geröll, Bruchsteinen und Mörtel ausgefüllt. Im unteren Bereich der Türme und Gebäude sind Mauern oft vier Meter dick und noch dicker!"

„Boah, dicker als mein Papa!", ruft Oskar.

Was macht der Burgherr den ganzen Tag?

„Das ist praktisch", sagt Kokosnuss zu Walther. „Wenn sich Bertram um alles kümmert, hast du ja frei!"
Walther verdreht die Augen. „Schön wär's", seufzt er. „Aber du glaubst nicht, wie viele Aufgaben ein **Burgherr** hat! Ich bin der Chef hier und sorge dafür, dass es den Menschen gut geht. Nicht nur denen, die auf der Burg wohnen und arbeiten. Zur Burg gehören Wiesen, Felder und Wälder. Auch da leben und arbeiten Menschen, für die ich sorgen muss. Die meisten sind **Bauern**. Ich lege fest, wie hoch die **Abgaben** sind, die sie leisten müssen – wie eine Steuer. Das ist in den Jahren, in denen die Ernte schlecht ist, besonders schwierig. Wenn es Streit zwischen den Leuten gibt, muss ich ihn schlichten. Und wenn einer den anderen anklagt,

muss ich einen **Gerichtstag** abhalten und dafür sorgen, dass jeder sein Recht bekommt – ob das nun Erbstreitigkeiten sind oder schlimme Verbrechen wie Diebstahl oder Mord. So mancher Verbrecher landet im **Burgverlies** … Das sind schwere Entscheidungen, sage ich euch."

„Du bist also Dienstherr, Finanzamt und Richter in einem!", staunt Matilda.

„In Friedenszeiten, ja", sagt Walther. „Aber wenn die Burg angegriffen wird, sorge ich außerdem für den Schutz der Leute. Und wenn der Kaiser zum Krieg ruft, stelle ich ein **Heer** zusammen und ziehe als **Hauptmann** mit. Dabei kämpfe ich doch so ungern …"

„Puh", sagt Kokosnuss. „Das ist ja allerhand, was ein Burgherr zu tun hat! Und wann machst du mal Pause?"

Walther lächelt. „Am Sonntag dürfen sich alle ausruhen, vom Bauern bis zum Burgherrn."

Oben und unten – die Gesellschaft im Mittelalter

„Ich verstehe nicht ganz ...!", sagt Oskar. „Wieso machen die Bauern nicht ihr eigenes Ding? Und wieso musst du kämpfen, wenn du das nicht willst? Das ist ziemlich merkwürdig!"
Walther blickt Oskar verständnislos an. „Nein, wieso? Gott will es so. Er hat alles wunderbar geregelt: An höchster Stelle thront Gott selbst. Direkt unter Ihm stehen der Papst und der Kaiser. Der Papst krönt den Kaiser. Ihnen sind die Mächtigen der Kirche und des Staates unterstellt, die Bischöfe, Könige, Grafen und Herzöge. Sie regeln die Angelegenheiten im Ritterreich und setzen die Befehle des Kaisers um. Dafür brauchen sie viele, die ihnen helfen: Adelige aus unterschiedlichen Ständen – fast alles Ritter. Natürlich auch Handwerker und freie Bauern ... Minnesänger, Mönche in Klöstern. Sie bilden die Mitte der Gesellschaft. Die meisten Menschen gehören aber dem niedrigsten Stand an: Unfreie Bauern, die kein eigenes Land besitzen, und Handwerker, Leibeigene, Knechte und Mägde. Gott setzt jeden Menschen an die Stelle in der Gesellschaft, wo er ihn haben möchte. Söhne übernehmen den Beruf des Vaters, Töchter den Beruf der Mutter. Uns binden starke Versprechen: Meinen Leuten gebe ich Schutz, dafür leisten sie Arbeit auf meinen Feldern und Abgaben.

Ich schwöre meinem Lehnsherrn Treue. Er bekommt von mir Abgaben und ich von ihm Land und Schutz, wenn ich ihn brauche. So geht das hoch bis zum Kaiser, dem seine höchsten Ritter Treue und Dienste versprechen und im Gegenzug seinen Schutz und Ländereien erhalten."

„Also müssen sich alle an Regeln und **Treueversprechen** halten. Und wer nicht gehorcht, wird bestraft, richtig?", sagt Matilda.

„Genau", sagt Walther. „Wenn das Gottes Wille ist, dann ist das so. Punkt."

Die Freunde schauen sich mit großen Augen an. Die Menschen im Mittelalter ticken wirklich anders als heute. Und anders als kleine Drachen und Stachelschweine sowieso …

1 Gott
2 Papst
3 Kaiser
4 Herzog
5 Graf
6 König
7 Bischof
8 Ritter
9 Freier Handwerker

10 Minnesänger
11 Freier Bauer
12 Mönch
13 Leibeigene
14 Knecht
15 Hirte und Familie
16 Unfreier Handwerker
17 Milchmagd
18 Unfreier Bauer

Eine Botschaft für Walther

Bertram, der Burgverwalter, kommt mit großen Schritten auf den Burgherrn zu: „Herr Walther, Herr Walther!“, ruft er aufgeregt. „Ein reitender Bote hat eben dieses Schreiben von Herrn Bruno gebracht.“
„Bruno der Bärtige?“, fragt Walther verwundert. „Was will denn mein Schwiegerpapa von mir?“
Bertram überreicht Walther den Brief. „Soll ich den Kaplan holen, damit er dir den Brief vorliest?“ Dann schlägt er sich an die Stirn. „Ach, ich vergesse immer, dass du lesen kannst. Die wenigsten Ritter und Burgherren können das.“
„Na ja, als Minnesänger musste ich ja meine Lieder aufschreiben“, murmelt Walther und bricht das Wachssiegel. Er liest ... und wird blass. „Bruno hat von unserem Sieg über den Schwarzen Ritter erfahren. Zum Dank, dass ich die Burg, seine Tochter und seine Enkel gerettet habe, will er mich zum Ritter schlagen. In drei Tagen soll es ein großes Fest geben. Hier auf der Burg.“
Jetzt wird auch Bertram blass. „Oh“, sagt er nur.
„Wie jetzt? Kein Jubel?“, ruft Oskar. „Du wirst Ritter, Walther! Das ist doch toll!“
Walther lächelt schwach. „Ja, aber vorher müssen wir ein riesiges Fest organisieren. Innerhalb von nur drei Tagen!“
„Ich nehme das in die Hand“, sagt Bertram. „Als Burgverwalter kenne ich alle im Umkreis. Ich reite gleich los und fordere die Leute auf, Lebensmittel

und Schlachtvieh zur Burg zu bringen. Zum Dank dürfen sie zum Fest kommen und beim Ritterturnier zusehen. Unterwegs treffe ich sicher auch Gaukler, Schausteller und Spielleute, die wir zur Unterhaltung der Gäste brauchen. Soll keiner sagen, auf unserer Burg sei nichts los!" Bertram macht sich auf den Weg.

„Zum Glück ist Bertram ein guter Burgvogt", sagt Walther. „Er hilft mir bei allen Verwaltungsaufgaben und treibt die Abgaben ein. Er kann mit den Leuten besser sprechen als ich – viele haben Angst vor mir, weil ich der Chef bin."

Kokosnuss kichert. Angst vor Walther? Der ist doch so klein und nett. Aber als Burgherr hat Walther Macht über die Menschen hier, ob er will oder nicht. Das weiß der kleine Drache inzwischen.

Burgherrin Bruniberta

„Oh, ich muss Bruniberta die Neuigkeiten überbringen!", ruft Walther. „Als Burgherrin darf sie bei allem, was hier auf der Burg passiert, genauso mitreden und bestimmen wie ich. Sie wird sich freuen, euch wiederzusehen. Kommt!"
Die Freunde folgen Walther in die Burg. Sie laufen durch den großen **Rittersaal**, eine Treppe hoch – in die **Kemenate**.
„Die Kemenate ist ein beheizter Raum", erklärt Walther. „Ihr seht ja: Die meisten Räume in der Burg sind kalt und zugig. Die Fensteröffnungen werden mit Holzläden oder Fellen verschlossen, denn Glas ist teuer. Aber da Feuerholz auch teuer ist, wird kaum ein Raum beheizt, außer dem der Burgherrin und der Kinder. Oft gibt es nur noch im Krankenzimmer einen offenen Kamin. Aber offenes Feuer ist gefährlich. Wenn eine Burg erst einmal brennt, kommt man mit dem Löschen mit Eimern aus dem Burgbrunnen nicht mehr hinterher. Tatsächlich werden mehr Burgen von Bränden als von Feinden zerstört."
Plötzlich öffnet sich die Tür der Kemenate – Bruniberta hat den Besuch schon auf der Treppe gehört! Mit offenen Armen empfängt sie Kokosnuss und Matilda und gibt Oskar höflich die Hand. Als der große Augen macht, erklärt sie: „Die Begrüßung, Bewirtung und Unterbringung von Gästen ist eine der wichtigsten Aufgaben einer **Burgherrin**. Seid mir also willkommen!"

„Oje, Bruniberta, demnächst musst du viel mehr Gäste willkommen heißen“, sagt Walther. „Dein Vater will mich zum Ritter schlagen – in drei Tagen!“ „Kein Grund, nervös zu werden, mein Lieber“, sagt sie. „Schließlich habe ich in der Küche und im Wohnbereich alles unter Kontrolle. Und wenn du auf Reisen bist, übernehme ich sowieso die ganze Burgverwaltung – selbst wenn die Burg angegriffen wird. Ich weiß, welche Lebensmittel vorhanden sind, und bestimme, was jeden Tag auf den Tisch kommt. Allerdings … nach der Belagerung haben wir kaum noch Vorräte. Ich spreche mit Bertram …“ Dann gibt sie Walther einen dicken Kuss. „Du wirst Ritter, wie wunderbar!“

Kinder, Kinder!

Obwohl es so viel zu tun gibt, nimmt sich Bruniberta Zeit für ihre Gäste und winkt Kokosnuss, Matilda und Oskar in die Kemenate. Walther muss zum Kampftraining und verabschiedet sich.
„Kommt rein, Kinder“, sagt Bruniberta freundlich. „Schließlich ist die Kemenate auch Kinderstube.“
Im Sessel sitzt eine dicke Amme und säugt ein Baby. Auf einem Fell spielen zwei etwa vier- und fünfjährige Jungen mit **Holzpferdchen** und **Ritterfiguren**. Andere Spielsachen liegen um sie herum: Ein kleiner Ball aus Leder, Murmeln, ein Kreisel, ein kleines Holzschwert und eine Puppe aus Stoff und Puppengeschirr aus Ton für das kleine Mädchen, das gerade auf Bruniberta zu krabbelt. Die bückt sich und nimmt es auf den Arm.
„Das sind alles meine Kinder“, sagt sie stolz. „Und alle gesund und munter! Wisst ihr, wir kennen zwar viele Heilkräuter, aber trotzdem stirbt fast jedes zweite Kind vor seinem 15. Lebensjahr. *Viele Kinder, viele Särge,* so heißt es bei uns.“ Sie schnieft leise. Kokosnuss, Oskar und Matilda können gar nicht glauben, was sie da Schlimmes hören! Bruniberta seufzt und erklärt: „Vor allem für arme Menschen sind die Lebensbedingungen hart: Viel Arbeit und oft nicht genug zu essen, dazu Schmutz und Ungeziefer. Die Kinder müssen mit anpacken, sobald sie für leichtere Aufgaben wie

das Hüten von Gänsen oder Kühen groß genug sind. Kindern von reichen Familien geht es besser: Die Babys werden von Milchammen gestillt. Das muss eine Burgherrin wie ich nicht selbst machen. Aber ich kümmere mich mit ihr gemeinsam um die Erziehung der Kinder. Solange sie klein sind, spielen wir **Haschmich** und **Blinde Kuh**. Die Jungen werden auf ihr Leben als Ritter mit **Ritterfiguren**, **Pfeil und Bogen** vorbereitet. Mit etwa sieben Jahren beginnt die Ritterausbildung: Dann werden sie **Pagen** bei einem befreundeten Ritter auf einer anderen Burg."

„Heißt das, dass kleine Jungen ihre Familien verlassen müssen?“, fragt Kokosnuss. Er kann sich nicht vorstellen, nicht bei Mama Mette und Papa Magnus in der Drachenhöhle zu leben.
Aber Bruniberta nickt. „Meist gehen sie zunächst an den Hof eines Freundes oder Verwandten. So festigen wir die Verbindungen. Töchter lernen von ihrer Mutter alles, was sie als höfische Dame wissen müssen. Neben Haushaltsführung und den anderen Aufgaben einer Burgherrin vor allem gutes Benehmen, Singen, Tanzen, Spinnen, Weben, Sticken. Lesen und Schreiben lernen die Kinder nicht. Das ist unwichtig und für Mädchen sogar gefährlich.“

„Wie bitte?“, ruft Matilda. „Lesen ist doch nicht gefährlich! Aber vielleicht sind ja schlaue Mädchen gefährlich. Also, ich liebe das Lesen!“

„Es gibt durchaus adelige Frauen, die es können“, sagt Bruniberta. „Und sogar Fremdsprachen sprechen. Aber eigentlich ist das nur etwas für Mönche.“

Die Freunde schauen sich an: Menschen im Mittelalter denken echt komisch!

„Mit etwa 14 Jahren werden Töchter verheiratet“, erzählt Bruniberta weiter. „Dazu schließen die Eltern **Verträge** miteinander. Viele Ehen sind eine Absicherung: Verwandte führen keine **Fehden** gegeneinander. Eine Heirat ist also eine Art **Friedensbündnis**. Außerdem bringt die Tochter eine **Mitgift** in die Ehe ein: Ländereien, Geld und manchmal sogar eine Burg. So wird der Familienbesitz größer und die Familie reicher und mächtiger.“

„Und dürfen Mädchen entscheiden, wen sie heiraten wollen?“, fragt Matilda.

Bruniberta schüttelt den Kopf. „Natürlich nicht. Aber dafür werden sie umworben. Ihnen wird der Hof gemacht! Die Liebe heißt **Minne** und ist eine hohe Kunst! Walther hat mir die allerschönsten Liebeslieder und Gedichte geschrieben! Ich werde euch später eins zeigen, aber jetzt muss ich in die Burgküche und mit dem Küchenmeister sprechen.“

„Küche? Essen?“, ruft Oskar glücklich. „Dürfen wir mitkommen?“

„Die Küche ist eigentlich kein Ort für Kinder“, sagt Bruniberta. „Aber gut, weil ihr es seid. Aber Finger weg vom Braten!“

„Na klar!“, sagt Oskar. „Ich bin doch Vegetarier!“

Schmausen wie bei Ritters?

In der Burgküche ist es warm: Auf der riesigen viereckigen Feuerstelle mitten im Raum brennt ein offenes Feuer. Darüber hängt an einem Gestell ein Kessel, in dem ein Koch mit einem langen Holzlöffel rührt. Der Küchenmeister überwacht zwei Küchenjungen, die an einem langen Tisch emsig Kräuter hacken und weiße Rüben schälen. Ein dritter bringt runde Brotlaibe in die Küche. Sie kommen frisch aus dem Backofen im Burghof und sind noch ganz heiß. Überall huschen Mäuse und Ratten herum, denen Katzen hinterherspringen. „Wie das hier duftet!", ruft

Oskar und leckt sich die Lippen. „Da wird ja der Hund in der Pfanne verrückt!“

„Nein, nein, Hunde kommen mir nicht in die Pfanne!“, sagt der Küchenmeister fröhlich. „Aber Schwein, Rind, Fisch … der bevorstehende Festschmaus wird eine schöne Abwechslung! Normalerweise essen wir morgens, mittags und abends Roggenbrot. Weißes Brot aus Weizen, das **Herrenbrot**, gibt es nur an Festtagen. Oder wir kochen Hirsebrei oder Suppen. Wenn es überhaupt für drei Mahlzeiten reicht … Fleisch kommt nur am Sonntag auf den Tisch. Unser Vieh schlachten wir erst, wenn es alt ist: Wenn Kühe keine Milch und Hühner keine Eier mehr geben, landen sie im Topf. Dann sind sie so zäh, dass man sie vor dem Braten stundenlang kochen muss.“

Die Küchenjungen nicken: Sie müssen die Töpfe überwachen.

„Du könntest mal Nudeln mit Tomatensoße machen“, schlägt Kokosnuss vor. „Das geht sehr schnell!“

„Nudeln? Tomaten?“, fragt der Küchenmeister. „Was ist das? Bei uns gibt es nur Getreide, Linsen, Bohnengemüse, Rüben und Kohl aus dem **Burggarten**.“ Er klatscht in die Hände. „Frau Bruniberta, das Festessen soll bestimmt aus vielen Gängen mit unterschiedlichsten Speisen bestehen? Die Soßen für das Fleisch werde ich kräftig mit Pfeffer, Koriander, Safran und anderen Gewürzen verfeinern. Das mögen Rittersleute und ihre Damen. Und wir zeigen, dass der Burgherr sich nicht lumpen lässt.“

Bruniberta nickt. „Gewürze sind sehr teuer – aber Gastfreund-

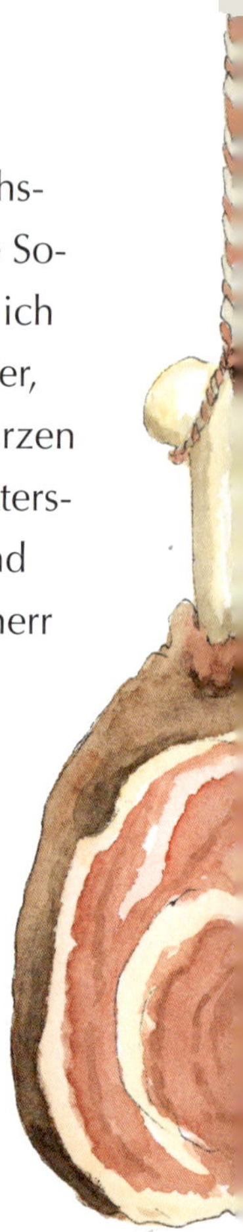

schaft ist wichtig. Da pfeffern wir sogar den Wein!“
„Oh ja, hoffentlich kann Herr Bertram in der Stadt ein paar Fässer mit gutem Wein kaufen“, sagt der Küchenmeister. „Das Bier brauen wir selbst aus Gerste und Hopfen. Ein Wildschwein- oder Rehbraten wäre auch ausgezeichnet. Oder Fasan … Könnte Herr Walther noch auf die Jagd gehen, Frau Bruniberta?“
„Das überlassen wir lieber Bertram und den Knechten. Walther muss sich auf seine **Schwertleite** vorbereiten“, antwortet sie. „Wie wäre es mit Marzipan, Pudding, Apfelschnitzen, süßem Dörrobst und Torten zum Nachtisch?“
Der Küchenmeister nickt begeistert – und den Freunden läuft das Wasser im Mund zusammen!

Page, Knappe, Ritter

Als die Freunde Bruniberta aus der Küche auf den Burghof folgen, hören sie das Klirren von Waffen: Walther übt mit **Waffenmeister** Hildebrand den Schwertkampf. Immer wieder hebt Meister Hildebrand die Waffe und Walther muss die Schläge mit Schild und Schwert abwehren.
„Ui, das sieht gefährlich aus!", sagt Kokosnuss.
„Ist es auch", sagt Bruniberta. „Zum Glück soll weder in der Schlacht noch im Turnierkampf der Gegner getötet werden. Ein Turnierkampf folgt festen Regeln. Und in der Schlacht wird versucht, den Gegner lebend zu fangen, um für ihn und seine wertvolle Rüstung Lösegeld zu erpressen. Aber Schwert und Lanze, die Waffen eines Ritters, sind scharf! Dafür sorgt der **Schmied**, der auch die Rüstung schmiedet."
„Wie geht die **Ritterausbildung** weiter, wenn man Page ist?", fragt Matilda.
Bruniberta erklärt: „Zunächst lernen die Pagen Schwimmen, Fechten und den Kampf mit den Fäusten. Und natürlich den Umgang mit **Pferden** und das **Reiten**! Später müssen sie ja freihändig reiten, um gleichzeitig kämpfen zu können! Pagen putzen die Waffen der Ritter und Knappen und bedienen bei Tisch die Erwachsenen. Ein **Page** muss geduldig, stark und ausdauernd werden. Wenn sich ein Junge bewährt, wird er mit etwa 14 Jahren **Knappe**. Schildknappe – denn zu seinen Aufgaben zählt, den

schweren Schild des Ritters zu tragen, damit der sich vor einem Kampf schonen kann. Auf einer Burg gibt es oft mehrere Knappen, die miteinander den Kampf mit **Schwert**, **Streitaxt**, **Lanze** und bei der Jagd auch mit der **Armbrust** üben. Vor dem **Turnier** hilft der Knappe dem Ritter die **Rüstung** anzulegen und aufs Pferd zu steigen. Wenn der Ritter auf **Abenteuerfahrt** geht oder in eine **Schlacht** zieht, reist der Knappe mit, um zu helfen. Das ist oft lebensgefährlich, denn der Knappe hat keine Rüstung. Außerdem lernt der Knappe von seinem Herrn, wie man sich am Hof (= *höflich*) gegenüber den Edelleuten und den Damen benimmt. Beim **Schachspielen** lernen sie Geduld und Beherrschung. Das sind zwei wichtige Rittertugenden."

Das alles muss ein Ritter können!

„Genug für heute!“, ruft Meister Hildebrand. Walther lässt keuchend Schwert und Schild sinken und klappt das Visier hoch. Bruniberta läuft auf ihn zu.
„Oh Walther, du hast wunderbar gekämpft. Nicht wahr, Meister Hildebrand?“
Der Waffenmeister wiegt den Kopf, sodass sein langer Bart wackelt. „Herr Walther muss noch viel üben.“ Doch nun lächelt der strenge Waffenmeister. „Aber ich denke, er wird ein guter Ritter. Zum Rittersein gehört ja nicht nur, sich kräftig schlagen zu können. Ein Ritter muss tugendhaft sein. **Ritterlich** eben – und das ist unser Herr Walther.“
„Was genau heißt *tugendhaft* und *ritterlich?*“, will Kokosnuss wissen.
„Die Tugenden sind Charaktereigenschaften, die ein Ritter haben sollte“, erklärt Hildebrand. „Und die Ansprüche sind hoch gesteckt … ***hoher muet, staete, mâze, minne*** und ***triuwe***.“

Die Freunde sehen den Waffenmeister ratlos an und Walther erklärt: „Das ist Mittelhochdeutsch, das Deutsch, das im Mittelalter gesprochen wird. **Hoher muet** heißt nicht etwa Hochmut, im Gegenteil! Es bedeutet eher Begeisterung, gute Laune, Gelassenheit im Kampf. **Staete** ist die Beständigkeit und Verlässlichkeit bei dem, was man tut. Und **mâze** ist die Mäßigung: Ein Ritter soll bescheiden sein, demütig und freundlich. Er soll nicht mit seinen Taten prahlen. Das überlässt er den Minnesängern", fügt er mit einem Augenzwinkern hinzu.
„Was hat das mit Minne zu tun? Ich dachte, da geht es um Liebe", fragt Matilda.

Walther nickt. „Ja, aber **minne** ist eine besondere Form der Liebe. Es ist eine reine Liebe ohne Begehren. Alles, was der Ritter an Heldentaten vollbringt, tut er für seine Angebetete. Damit sie seine Liebe erhört."
„Au Backe", sagt Kokosnuss. „Und wenn sie es nicht tut?"
„Triuwe", sagt Hildebrand. „Ein Ritter muss aufrichtige Treue beweisen: Seinem Dienstherrn, seinen Freunden und Mitkämpfern und natürlich seiner Angebeteten gegenüber."
„Zum Glück habe ich dich schon erhört", flüstert Bruniberta und Walther wird ein bisschen rot.

Das Kreuz mit den Rittern …

„Es gibt keine höhere Liebe als die Liebe zu Gott", sagt da jemand.
Walther dreht sich um. „Oh, Kaplan Konrad, ich habe euch gar nicht gehört", stammelt der Burgherr.
Kaplan Konrad nickt streng. „Aber was *ich* gerade gehört habe, gefällt mir gar nicht. Du sollst nur Gott anbeten – keine Frau! Denn das Weib ist schlecht!"
Bruniberta stemmt die Hände in die Hüften und ruft: „Also, Kaplan Konrad, jetzt mal halblang!"
„Frau Bruniberta", sagt der Kaplan. „Du weißt, die Kirche ist sehr mächtig und einflussreich. Und weil es die Kirche nun mal so will, muss ich auf Anstand und Gottesfurcht auf der Burg achten. Schließlich bin ich hier der Geistliche und damit für euer Seelenheil zu-

ständig. Der Papst hat **Inquisitoren** beauftragt, also Mönche, die im Namen der Kirche überprüfen, wer gottesfürchtig ist und wer sündigt. Sünder werden als **Ketzer** verurteilt und aus der Gemeinschaft der Kirche ausgeschlossen, oft sogar getötet." Er seufzt. „Frau Bruniberta, ich habe euch in der **Burgkapelle** getraut, eure Kinder getauft … und übermorgen werde ich Herrn Walther den Segen zu seiner Schwertleite geben. Ich nehme euch die Beichte ab, halte die Gottesdienste für alle Burgbewohner und achte darauf, dass die Fastenzeiten und Festtage eingehalten werden. Außerdem bin ich neben Herrn Walther der Einzige auf der Burg, der lesen, schreiben und Latein kann und alle Urkunden beglaubigt … Ich will doch nur, dass euch nichts geschieht, Frau Bruniberta."
Bruniberta lächelt. „Wie gut, dass du nicht so streng bist wie der Papst in Rom."
Der Kaplan nickt. „Ja, der ist streng. Aber so sorgen er und die Kirche für Ruhe und Ordnung. Die frühen Ritter waren

ungehobelte Gesellen, raubeinige Krieger, die Angst und Schrecken unter der Bevölkerung verbreiteten. Sie kämpften zum Spaß, um Macht und Anerkennung. Aber die klugen Mönche im **Kloster Cluny** in Frankreich haben im 11. Jahrhundert die weltliche Ordnung erneuert: Der **Gottesfrieden** ist ein Gesetz, das besagt, dass nicht jeder kämpfen kann, wann und wo er will. Der **christliche Ritter** soll sein Schwert nur zum Schutz von Schwachen, Kindern, Frauen und im Namen des Glaubens und der Gerechtigkeit führen. An Wochenenden, Feiertagen und in den Fastenzeiten muss Frieden herrschen. So darf nur noch an 80 Tagen im Jahr gekämpft werden."

Walther seufzt erleichtert. „Perfekt. Ich kann das Kämpfen wirklich nicht leiden."

Der Kaplan wiegt den Kopf. „Na ja, als Soldaten Gottes müssen Ritter kämpfen."

„Was?“, ruft Kokosnuss. „Gerade hast du gesagt, ihr wollt Frieden.“
„Na ja, nicht immer … “, sagt der Kaplan betreten. „Ein Ritter muss zum Schutz des Glaubens kämpfen. Wenn er dabei stirbt, werden ihm sofort alle Sünden vergeben und er kommt in den Himmel: Er soll im Namen seines Lehnsherrn kämpfen, zum Wohl des Staates und der Schutzbedürftigen. Glaubensfeinde und Ketzer muss er vernichten. Dafür bekommt er sogar kirchlichen Segen. So hat die Kirche ein neues Ritter-Ideal geschaffen: den treuen **Glaubenskrieger**, der selbstlos in den Kampf zieht und dafür Ansehen und Bewunderung bekommt. Gotteskrieger zu sein, ist eine ehrenvolle Aufgabe, der sich sogar Könige und Kaiser anschließen!“

„So viele Ketzer gibt's doch gar nicht, dass man ständig kämpfen muss", sagt Kokosnuss.
„Ungläubige gibt es nicht nur im eigenen Land", sagt Kaplan Konrad. „Dem **Papst Urban II.** war es ein Dorn im Auge, dass **Jerusalem**, die Stadt unseres Herrn Jesus Christus, von **Moslems** regiert wurde. Er hielt sie für ungläubig. Das stimmt natürlich nicht. Sie haben nur eine andere Religion als wir Christen. Aber das darf ich nicht laut sagen ..."
„Weil du sonst ein Ketzer bist?", fragt Kokosnuss.
„Genau", sagt Kaplan Konrad.
„Ui, das geht aber schnell", wundert sich Matilda.
„Papst Urban II. rief 1095 die christliche Ritterschaft zum ersten **Kreuzzug** auf. **Deus lo vult!**, sagte er auf Latein („Gott will es"). Ein riesiges Heer machte sich 1096 auf und zog nach Jerusalem. Von der gefährlichen Reise kamen 1099 nur etwa die Hälfte der Männer lebend nach Hause – oft krank und verletzt. Sie hatten Jerusalem erobert, aber die christliche Herrschaft hielt nicht lange. Bis 1291 zogen immer wieder Kreuzritter in den Kampf – zu Fuß, zu Pferd und mit Schiffen. Mit der Zeit entstanden auf den Kreuzfahrerrouten große Burgen, die **Kraks**, fast uneinnehmbare Bollwerke, in denen Kreuzritter die Stellung hielten. Die Ritter organisierten sich in **Ritterorden**[5]: Sie lebten wie Mönche, gehorsam, enthaltsam und arm. Ihr Gottesdienst bestand aus dem Kampf gegen die ‚Ungläubigen'. Sie beschützten Pilger und versorgten in ihrem **Hospital** Kranke und Verletzte."

[5] Berühmte Orden waren zum Beispiel der **Johanniterorden** und der **Malteserorden**. In ihrer Tradition stehen bis heute Hunderte Pflegeeinrichtungen und Krankenhäuser – nach über 900 Jahren!

„Warum wohnten diese Ritter nicht zu Hause, sondern in den Ordensburgen?", fragt Matilda.
„Längst nicht jeder Ritter hatte eine eigene Burg", sagt Kaplan Konrad. „Die, die eine hatten, kehrten natürlich schleunigst nach Hause zurück: Während ihrer Abwesenheit waren ja ihre Familie und ihr Besitz in Gefahr, von Angreifern überfallen zu werden. Die Ritter brachten übrigens auch orientalische **Lebensart** mit: kunstvolle Möbel, kostbare Stoffe, Kunst und Kultur, feine Umgangsformen, Körperpflege, Speisen und Gewürze. Die Araber beeindruckten die europäischen Ritter so sehr, dass sie viele dieser Dinge für ihr höfisches Leben an den Königshöfen übernahmen."

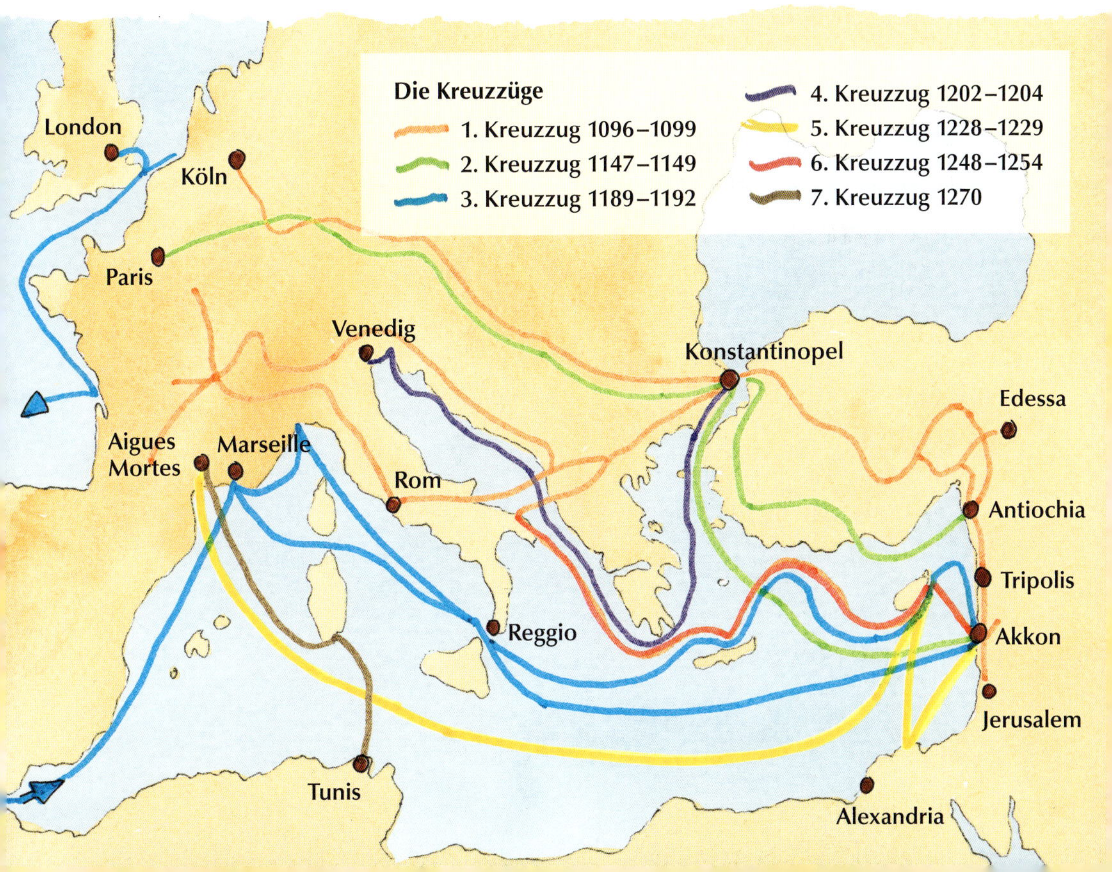

Ein Buch, so teuer wie ein Dorf!

Plötzlich bebt die Erde, dann hören die Freunde, der Kaplan, der Waffenmeister, Walther und Bruniberta ein lautes Seufzen und Schniefen.
„Onkel Ingmar!", ruft Kokosnuss. „Was ist denn los?"
„Mein Buch ist weg", klagt Onkel Ingmar. „Ich hatte es am Drachenbaum versteckt und jetzt ist es weg. Es war mein Lieblings-Ritterbuch!"
„Oje", sagt Kaplan Konrad. „Ein schlimmer Verlust! So ein Buch ist sehr kostbar." Der Kaplan kann sich kaum beruhigen: „Jede Seite besteht aus Pergament – also aus speziell behandelter, hauchdünner Tierhaut. Jeder Buchstabe, jedes Wort wird von Mönchen mit der Hand geschrieben und die Bilder werden mühevoll gemalt. Die Klöster stellen selbst die Farben her. Und der Buchdeckel aus Holz und Leder wird oft reich mit Edelsteinen verziert. Es dauert

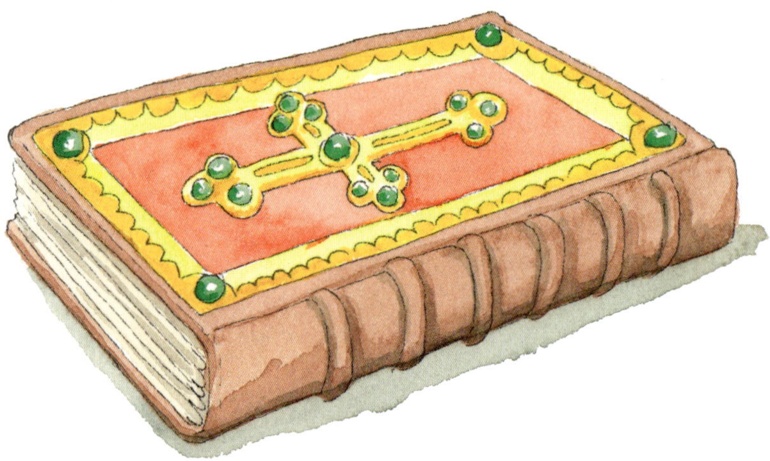

Jahre, bis ein Buch fertig ist. Deswegen gibt es nur wenige Bücher. Jedes ist ein wertvoller Schatz und kostet, je nach Ausstattung, so viel wie eine Rinderherde oder ein ganzes Dorf samt Einwohnern!"
Die Freunde schauen sich erstaunt an. Natürlich schreiben sie in der Schule ihre Aufsätze mit der Hand. Aber dass ganze Bücher abgeschrieben werden, davon haben sie noch nie gehört.
„Natürlich … jetzt erinnere ich mich", flüstert Onkel Ingmar den anderen zu. „Der Buchdruck wird ja erst um 1450 erfunden!"
„Dein Buch wurde sicherlich ins Kloster gebracht", beruhigt Kaplan Konrad ihn nun. „Die Mönche dort haben eine große Bibliothek und ein **Skriptorium**, eine Schreibwerkstatt. Wollt ihr sie sehen?"
„Au ja!", rufen die Freunde.
„Dann kommt mit ins Kloster", sagt Kaplan Konrad. „So lernt ihr eine andere Seite des ritterlichen Lebens kennen. Vielleicht finden wir auch Ingmars Buch."
Die Freunde verabschieden sich von den Burgbewohnern und machen sich mit Konrad auf den Weg ins Tal.

„Ora et labora“

Das Kloster wirkt von außen fast genauso wehrhaft wie Walthers Burg. Die Kirchtürme überragen die hohen Mauern. Als Konrad an das große Tor klopft, öffnet ein Mönch in einer schwarzen Kutte mit Kapuze. In seinen Haarschopf hat er eine kreisrunde Glatze rasiert, eine **Tonsur**.
„Seid willkommen“, begrüßt er die Freunde. „Was wünscht ihr?“
„Bruder Anselm, zeigst du diesen Fremden bitte das Kloster?“, fragt Kaplan Konrad. „Außerdem sind wir auf der Suche nach einem bestimmten Buch.“
Bruder Anselm nickt und winkt den Freunden, ihm zu folgen. „Wir **Benediktiner** sind ein Orden, der Gott und die Wissenschaften liebt“, erklärt er. „Unser Gottesdienst besteht deswegen aus Gebeten, Arbeit im Kloster, im Klostergarten und im Skriptorium.“
Er öffnet die Tür zu einem Raum, in dem viele Mönche an **Pulten** sitzen oder stehen. Jeder hält einen **Federkiel** in der Hand … und schreibt!
„In unserer Werkstatt schreiben wir Bücher ab. Natürlich vor allem die Bibel, denn sie ist das wichtigste aller Bücher. Aber auch wissenschaftliche Schriften, eigene Erkenntnisse und **Heldengeschichten**. Ich gebe zu, die sind an den Höfen besonders beliebt: Abenteuer für Ritter über Ritter! Schaut mal“, sagt er. Die Freunde dürfen einem jungen Mönch über die Schulter blicken. „Unser Bruder Willibald

ist besonders begabt. Jeder Buchstabe sieht aus wie der andere, die Wörter füllen genau eine Zeile. Die Anfangsbuchstaben jedes Kapitels schmückt er besonders schön aus – mit Ornamenten und Zeichnungen. Man nennt sie die **Initiale**. Oft werden die Ränder ebenfalls ausgeschmückt. Reiche Auftraggeber zahlen für besonders kostbare Farben wie Purpur oder sogar Blattgold."

Die Freunde betrachten die wundervolle Seite staunend. „Dann können Mönche also lesen und schreiben“, stellt Matilda fest.
„Das lernen die Knaben in unserer **Klosterschule** – viele sind zweit- und drittgeborene Söhne aus adeligen Familien, die keine Aussicht auf ein Erbe haben. Das bekommt nur der Erstgeborene“, sagt Bruder Anselm und führt die Besucher in ein kühles, dunkles Klassenzimmer. Hier sitzen lauter kleine und große Jungen und lernen gemeinsam. Mädchen gibt es hier nicht. Die Jungen sehen blass und schmal aus.
„Das Leben der Mönche ist hart – und Kinder werden genauso behandelt wie Erwachsene. Oft sogar noch strenger. Wer nicht lernt und seine Gebete nicht ordentlich ausführt, bekommt Schläge.“

„So macht Lernen doch keinen Spaß", sagt Oskar. Bruder Anselm schaut ihn streng an. „Wir sind ja auch nicht zum Spaß hier, sondern um Gott zu dienen. **Ora et labora** lautet unser Motto: Bete und arbeite! Wobei **arebeit** durchaus mit Mühsal und Plage zu übersetzen ist. Doch nun kommt, ich möchte euch unsere Schatzkammer zeigen: unsere Klosterbibliothek."

„Die Bücher sind ja angekettet!", ruft Kokosnuss erstaunt. Tatsächlich: Die Regale stehen voller Bücher – und jedes ist mit einer Eisenkette an eine Stange, die am Regal entlangläuft, angeschlossen.

„Natürlich", sagt Bruder Anselm. „Sonst werden sie gestohlen. Wie gesagt, vor allem Heldensagen sind sehr beliebt: Manchmal werden die **Manuskripte** geklaut, bevor sie fertig sind!"

„Na ja, besonders die Winterabende sind lang, kalt – und langweilig", erklärt Kaplan Konrad. „Da wünschen sich die Herrschaften auf den Burgen gute Unterhaltung. Natürlich trage ich ihnen gern **Heiligenlegenden** vor, also Geschichten von Menschen, die Wunder gewirkt haben und für ihren Glauben gestorben sind. Besonders bekannt ist die Geschichte vom **Heiligen Georg**, der einen Drachen getötet hat."

„Was?", rufen Kokosnuss und Oskar entsetzt.

„Äh, noch beliebter sind Geschichten von Rittern", fährt Kaplan Konrad schnell fort. „Zum Beispiel von **Siegfried** und dem sagenhaften Schatz

der **Nibelungen**. Siegfried hat als junger Mann einen Drachen getö ..."

„Auch die Geschichten von **König Artus** und den **Rittern der Tafelrunde** werden gern vorgetragen", unterbricht Bruder Anselm Konrad schnell. „Habt ihr von ihnen schon gehört? Von **Parzival**, der als Ritter den **Heiligen Gral** hüten sollte. Und Ritter **Gawan** – ein echtes Vorbild, besonnen und edelmütig. Ganz anders als **Lancelot**, den die Liebe fast um den Verstand brachte. Die Leute lieben diese Geschichten von Heldenmut und Verfehlungen ... die zeigen, dass es nicht einfach ist, es Gott und den Menschen recht zu machen und ein guter Ritter zu sein."

Ein Buch macht Schwierigkeiten …

„Da ist ja Onkel Ingmars verschwundenes Buch!“, ruft Kokosnuss. Er hat den bunten Umschlag erkannt.
Bruder Anselm nimmt es vom Tisch und sieht Kokosnuss erschrocken an. „Das ist euer Buch? Es ist ein Werk des Teufels! Schaut, Kaplan Konrad!“
Er schlägt es auf und streicht über eine Seite. „Dieses Pergament ist ganz glatt. Die Buchstaben sind klarer als die von Bruder Willibald. Und die Tinte …“ Er streicht über die schwarze Schrift. „Die Tinte verwischt nicht einmal.“
Beherzt greift Kaplan Konrad nach dem Buch und lässt es in den weiten Ärmeln seines Habits verschwinden. „Ja, äh, Bruder Anselm, ich nehme mich der Sache an. Kommt, Freunde, wir müssen zurück zur Burg …“
Eilig zieht er Kokosnuss, Matilda und Oskar mit sich. Erst als die Klostertür hinter ihnen zufällt, atmet er auf: „Das war knapp“, sagt er. „Mit dem Teufel im Bund zu stehen, ist die schlimmste Anschuldigung, die einen treffen kann! Besser, ihr zeigt dieses Buch niemandem. Das würde Unglück bringen!“
Dann erklärt der Kaplan, wie kompliziert das im Mittelalter ist: „Die christliche Kirche verbietet zwar jede Form von **Aberglauben**, den der Teufel in die Welt gebracht hat. Dennoch ist der Aberglaube sehr verbreitet: Die Menschen haben Angst vor **Naturgewalten** wie Gewitter und unheilbaren

Krankheiten wie die **Pest**. Sie suchen Hilfe bei Hexen und Quacksalbern und bekommen dort **Liebestränke** oder **Amulette** gegen den bösen Blick. Sie beschwören Geister und Dämonen. Vor dem Teufel haben wir alle Angst, aber da helfen nur Gebete und **Reliquien**. Das sind Haare, Knochen oder Fingernägel von Heiligen. Im Kreuz unserer Burgkapelle steckt hinter einem Edelstein ein Splitter vom Kreuz unseres Herrn Jesus Christus. Eine sehr wertvolle Reliquie. Sie kann **Wunder** vollbringen und Krankheiten heilen", sagt der Kaplan. Er merkt nicht, wie sich die Freunde erstaunt ansehen.
„Ich zeige sie euch, wenn wir auf der Burg sind."

Waschen, kämmen, anziehen

Als sie den Burghof betreten, herrscht reges Gewimmel: Zimmerleute und Knechte haben Tribünen und Absperrungen für das Publikum aufgebaut. Mägde schmücken den Burghof mit Fahnen und Wimpeln.
„Das Bad ist bereit!“, ruft Bruniberta und läuft auf Kaplan Konrad und die Freunde zu. „Schnell, der Zuber ist mit warmem Wasser gefüllt. Das kommt nicht allzu oft vor. Also nutzt die Gelegenheit!“ Schon wendet sie sich ihren beiden Söhnen zu. Sie sollen sich ausziehen – aber sie rennen einfach weg.
„Wasser und Feuerholz sind kostbar auf der Burg“, erklärt Kaplan Konrad. „Das Wasser muss mit Eimern aus einem tiefen Brunnen hochgezogen oder aus dem Fluss im Tal mit Eseln hochgebracht werden. Das Wasser wird in Kesseln über einem Holzfeuer erhitzt und dann in den Zuber gekippt. Kein Wunder also, dass Burgbewohner sehr selten baden. In der Stadt ist das anders: Hier gibt es Badehäuser. Und die **Bader** säubern ihre Kunden, massieren sie und ziehen ihnen kaputte Zähne. Die Badehäuser sind beliebte Treffpunkte.“
Der dampfende Zuber steht in einem Raum neben dem **Palas** im Erdgeschoss. Niemand will das Wasser quer durch die Burg schleppen. Bruniberta hat ihr Söhne eingefangen und in den hölzernen Zuber gesteckt. Er ist mit einem Tuch

ausgeschlagen, damit sich niemand einen Holzsplitter in den Po zieht. Mit Seife wäscht sie die Jungen ab.

„Kommt, springt rein“, sagt sie zu den Freunden. „Je mehr, desto größer der Spaß. Auf manchen Burgen werden in großen Zubern **Badefeste** veranstaltet. Aber spritzt nicht so sehr. Das Wasser muss für alle reichen.“

Alle im selben Wasser? Die Freunde schauen sich an und hüpfen in den Zuber. Augen zu und durch.

Bruniberta kämmt die lockigen Haare ihrer kleinen Tochter. Der Kamm hat ganz feine Zinken. „Läuse und Flöhe!“, schimpft sie. „Die beißen jeden, vom Bauern bis zum Kaiser ...“

„Das wundert mich nicht“, flüstert Matilda. „Wenn die Menschen so eng mit ihren Tieren zusammenleben und so selten baden ...“

Walther wird Ritter

Walther ist gebadet und trägt ein einfaches Gewand aus feinem Leinen. Er ist bereit für seine Schwertleite! Am Abend bringt Kaplan Konrad Walther in die Kapelle. Es ist das schönste Gebäude der Burg: Die gewölbte Decke ist mit goldenen Sternen auf blauem Hintergrund bemalt. An den Wänden erzählen Bilder aus dem Leben von Jesus Christus. Wie ein Comic, findet Kokosnuss. Da kaum jemand auf der Burg lesen kann, schauen sich die Leute die Bilder an und lernen so etwas über Jesus. Walther bleibt allein in der Kapelle zurück, um die ganze Nacht zu beten.
Am nächsten Morgen läuten die Glocken der Kapelle. Walther hat die **Nachtwache** überstanden. Nun hält Kaplan Konrad eine **Messe**. Als sie aus der Kirche treten, werden sie schon von vielen Menschen erwartet. Bruno der Bärtige führt Walther vor die Tribüne, auf der Bruniberta neben ihrer

Mutter, den Kindern und den drei Freunden Platz nimmt. Bruno und seine Ritter legen Walther feierlich ein rotes Gewand, schwarze Strümpfe und einen weißen Gürtel an. Sie sollen Walther daran erinnern, immer Gutes im Dienste der Kirche zu tun. Dann überreicht Bruno ihm ein Paar **Sporen** und gürtet Walther das **Schwert** um die Hüfte. Nur Ritter dürfen das Schwert am Körper tragen. Kaplan Konrad spricht einen Segen. Die Leute jubeln dem Ritter Walther zu!

„Walther hat so ein Glück", flüstert Bruniberta den Freunden zu. „Eine Schwertleite ist etwas Besonderes. Allerdings kommt sie langsam aus der Mode und wird durch den **Ritterschlag** ersetzt. Dabei wird der Knappe mit der Handkante im Nacken oder mit dem Schwert an der linken Schulter berührt. Eine Schwertleite hingegen ist sehr teuer. Nicht jeder kann sie sich leisten. Der Ritterschlag ist also eine gute Möglichkeit, auch nicht so reiche Knappen zu Rittern zu machen."

Eine Rüstung für Ritter Walther

Zu einem echten Ritterfest gehört natürlich auch ein Turnier. Die Ritter, die gegeneinander kämpfen werden, ziehen sich mit ihren Knappen zurück und legen ihre **Rüstungen** an! Die Freunde schlüpfen in Walthers Zelt, um zuzusehen, wie das geht. Sein Knappe hat Walther schon den **Leibrock** angezogen. Er ist mit Pechdraht verstärkt, außerdem werden daran mit Pechdrahtschnüren Teile der Rüstung befestigt. Walther schlüpft in das **Beinzeug**: Fuß und Unterschenkel sind ganz mit Eisenplatten bedeckt. Den **Diechling** zum Schutz der Oberschenkel befestigt der Knappe mit Ledergurten. Er bindet Walther einen **Kettenpanzer** um die Hüften. Dann legt er Walther die **Rückenplatte** und den **Brustpanzer** an und verbindet sie mit **Taillengurt** und Schulterriemen. Jetzt schiebt Walther die Arme in die Armröhren: Die **Oberarmröhre** und die **Ellbogenkachel** werden am Leibrock festgebunden. Die **Schwebescheibe** schützt Schulter und Achselhöhle.

Nun streift der Knappe Walther mit Eisenplatten verstärkte **Lederhandschuhe** über und reicht ihm sein Schwert. Zum Schluss legt er ihm die **Sporen** an und setzt ihm den **Helm** auf. Walther ist jetzt nicht mehr zu sehen! Damit man weiß, wer er in der Rüstung steckt, ist auf Brustpanzer und Schild Walthers **Wappen** gemalt – das natürlich eine Blumenwiese zeigt. Auch Walthers Pferd ist durch eine Rüstung für Kopf und Hals geschützt. Da ein **Streitross** sehr kostbar ist, darf es im Kampf nicht verletzt werden. Es kostet so viel wie 12 Kühe! Schnell laufen die drei Freunde zurück zur Tribüne. Denn jetzt ertönt eine **Busine**, eine lang gestreckte Trompete, und der Turnierkampf beginnt!

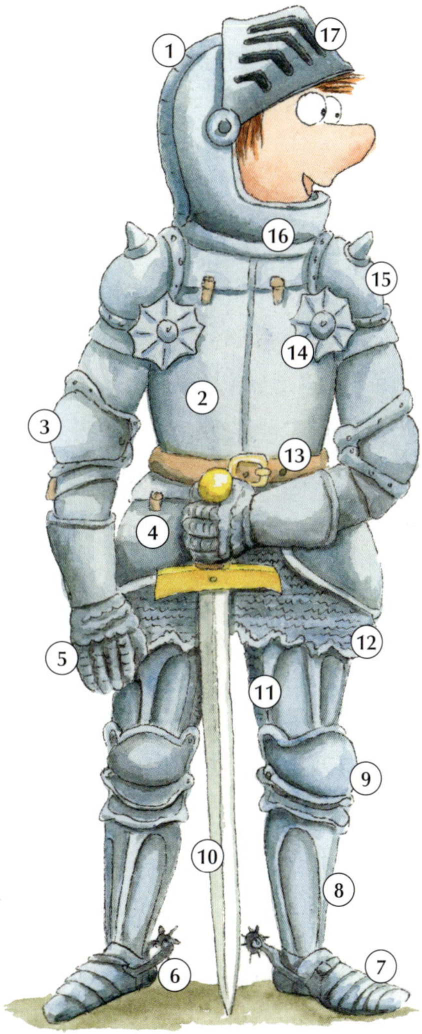

1 Helm
2 (Brust)Harnisch
3 Ellenbogenschutz
4 Bauchreif
5 Panzerhandschuh
6 Sporen
7 Panzerschuh
8 Beinröhre
9 Kniebuckel
10 Schwert
11 Diechling
12 Kettenhemd
13 Gürtel
14 Schwebescheibe
15 Schulterstück
16 Helmbart
17 Visier

Das Ritterturnier

„Papa soll gewinnen!", rufen Walthers Jungen und hüpfen auf und ab.
„Mal sehen!", sagt Bruniberta und erklärt den Freunden: „Das ritterliche Turnier kennt drei Formen: Den **Buhurt**, die **Turnei** und den **Tjost**. Buhurt und Turnei sind Massenkämpfe. Da treffen Mannschaften aufeinander. Beim Buhurt wird mit stumpfen Schwertern und Keulen gekämpft, oftmals ohne Rüstungen. Die Turnei mit scharfen Waffen ist gefährlicher. Aber im Getümmel und wenn die Gemüter erhitzt sind, lassen sich Buhurt und Turnei manchmal nicht unterscheiden. Es gab schon so viele Verletzte und Tote, dass Turniere verboten wurden! Beim **Tjost** kämpfen zwei Ritter gegeneinander – so bekommt jeder mehr Aufmerksamkeit. Damit es nicht zu blutig wird, wird nach Punkten gekämpft. Die Ritter reiten aufeinander zu und versuchen, sich mit ihren Lanzen an Schild oder Kopf zu treffen. Oh, schaut!"
Ein **Herold** verkündet die Namen aller Ritter, die im Kampf antreten werden. Die Ritter reiten nun, einer nach dem anderen, in ihren prunkvollen Turnierrüstungen an der Tribüne vorbei. So manch einer hofft auf das Lächeln einer Dame. Bruniberta wirft Walther ihr Taschentuch zu. Er steckt es sich an die Rüstung – zum Zeichen, dass er für sie kämpft.
Als die **Parade** vorbei ist, stellen sich zwei Ritter an den

entgegengesetzten Enden der Rennbahn auf: Walther von der Blumenwiese und Otto von dem Liliental. Das Stechen beginnt! Walther klappt das Visier herunter und bringt die Lanze in Position. Er gibt seinem Pferd die Sporen und stürmt auf Otto zu. Schon krachen die Lanzen aufeinander – und Otto fliegt aus dem Sattel! In seiner schweren Rüstung liegt er wie ein Käfer auf dem Rücken. Die Menge jubelt Walther zu, der schon aus dem Sattel gesprungen ist. „Jetzt geht der Kampf ohne Pferd mit dem Schwert weiter!", ruft Bruniberta.
Walther zieht das Schwert. Ottos Knappe hilft seinem Herrn auf. Auch Otto zieht das Schwert. Die Waffen klirren aufeinander. Schon bald gibt sich Otto dem neuen Ritter Walther geschlagen!

Ein rauschendes Fest

„Ein Glück für Otto, dass es heute nur um Ruhm und Ehre geht“, sagt Bruniberta. „Bei vielen Turnieren erhält der Sieger die Rüstung des Verlierers und den ganzen Besitz dazu. Manche Ritter trainieren extrem hart, nur um Turniere zu gewinnen und reich zu werden. Sie werden wie Helden verehrt!“

„Hört sich an wie bei unseren Fußballspielern!“, witzelt Matilda.
Walther reitet noch gegen viele Gegner. Aber wie durch ein Wunder gewinnt er gegen jeden. Ob es daran liegt, dass Onkel Ingmar immer wieder über die Burgmauer linst? Mit einem Ritter, der von einem Drachen beschützt wird, will es sich bestimmt niemand verscherzen. Viel lieber wollen sie mit ihm befreundet sein und feiern. Als Bruniberta ihrem Walther bei der Siegerehrung den **Siegeskranz** aufs Haupt drückt, bricht Jubel aus. Keine Frage: Ritter Walther ist der Held des Tages!
Dann wird der Kampfplatz aufgeräumt und

Gaukler und **Spielleute** beginnen ihre Vorstellung auf dem Burghof. Die Gaukler jonglieren, tanzen und balancieren. Die Musikanten spielen auf **Sackpfeifen**, **Schalmeien**, **Fideln** und **Lauten**. **Puppenspieler** führen Stücke auf, in denen mutige Ritter gegen finstere Riesen kämpfen müssen. Als es dunkel wird, werden Hunderte von Fackeln im Burghof angezündet und ein **Feuerspucker** tritt auf.

„Das kann ich auch!", ruft Kokosnuss. Er fliegt in die Luft und stößt eine leuchtende Feuerfontäne in die Luft. „Ein Hoch auf Ritter Walther!", jubelt er. Die Leute sind begeistert. So etwas haben sie noch nie gesehen! Doch als Walther zu seiner Harfe greift, wird es still.

„Liebe Freunde!", ruft er. „Zum Dank, dass ihr zu meinem Fest gekommen seid, habe ich ein kleines Lied gedichtet. Kein Minnelied, sondern ein **Bänkellied**, das eine Geschichte erzählt." Er zupft die Saiten, dann beginnt er zu singen …[6]

[6] Wenn du wissen willst, was Walther singt, kannst du ganz hinten im Buch nachschauen.

Das Festmahl

Als Walther verstummt, braust Applaus auf. Er ist einfach der beste **Troubadour** weit und breit! Dann beginnt der Küchenmeister, das Festmahl aufzutragen. Die hohen Festgäste nehmen an einer langen Tafel Platz. Auch Burg- und Dorfbewohner bekommen etwas zu essen.
„Ähäm“, räuspert sich Kaplan Konrad, nachdem er den Tischsegen gesprochen hat. „Ich möchte an die wichtigsten **Tischregeln** erinnern: nicht mit vollem Mund sprechen, nicht angenagte Fleischstücke in die Schüssel zurücklegen, nicht wie die Schweine schmatzen und nicht mit dem Messer in den Zähnen herumbohren …“
„Das ist ja fast wie bei uns zu Hause!“, sagt Oskar und kichert.

Trotz dieser Regeln geht es bei Tisch hoch her: Je mehr Wein die Leute getrunken haben, desto ausgelassener feiern sie. Sie löffeln direkt aus den Schüsseln. **Teller** hat nur die Burgherrenfamilie. Alle anderen essen von **Holzbrettchen** oder von **Brotscheiben**. Mit den Messern zerschneiden die Herren das Fleisch für ihre Damen in mundgerechte Stücke. Gabeln gibt es nicht. Das Essen scheint kein Ende nehmen zu wollen: Der Küchenmeister tischt eine **Erbssuppe** und dann eine **Zimtkraftsuppe** auf. Dann gibt es Rehkeulen und **Kaninchen in Ingwersoße** und **Taubenpasteten**. Höhepunkt ist ein Spanferkel mit einem Büschel Wolle und Kampfer im Maul. Als der Küchenmeister es anzündet, sieht es aus, als würde das Ferkel Feuer speien! Die Gäste sind begeistert! Und Onkel Ingmar grinst zufrieden. „Und nun", sagt er zu den Freunden, „fliegen wir nach Hause. Das Fest geht noch die ganze Nacht, aber Drachen- und Stachelschwein-Kinder müssen ins Bett."

Der Untergang des Rittertums

Also verabschieden sich die Freunde von Ritter Walther und seiner Familie und klettern in den Koffer auf Ingmars Rücken. Kokosnuss gähnt. Erst jetzt merkt er, wie müde er ist. Das war ein aufregendes Abenteuer!

„Ja, die Ritter wussten zu feiern", sagt Onkel Ingmar nachdenklich. „Aber irgendwann war Schluss mit lustig."

„Was ist denn passiert?", fragt Matilda erschrocken.

„Die **ritterliche Hofhaltung** wurde mit der Zeit zu aufwändig und zu teuer", sagt Onkel Ingmar. „Ärmere Ritter konnten sich das nicht mehr leisten. Im Land wüteten **Seuchen** und **Hungersnöte**. Und wo es keine Menschen und keine Ernten gibt, gibt es auch keine Einkünfte. Die Ritter konnten ihre Abgaben an ihre Lehnsherren nicht mehr zahlen und verloren ihre Ländereien. Einige wurden **Raubritter** und überfielen reiche Kaufleute. Außerdem wurden Menschen in den **Städten** durch Handwerk und Handel vermögender. Viele Bauern flohen in die Städte. **Stadtluft macht frei!**, hieß es. Denn wer die Stadt erreicht hatte, ‚gehörte' nicht mehr seinem Herrn. Viele Ritter verließen ihre kalten, zugigen Burgen und zogen in besser heizbare Häuser in der Stadt. Die Burg als Schutzort vor Angreifern verlor an Bedeutung. Auch als Krieger waren die Ritter nicht mehr gefragt: Gegen **Schwarzpulver** und **Feuerwaffen** kamen sie nicht an. Mit Schwert, Lanze, Axt oder Streithammer waren sie für den **Nahkampf** ausgebildet. Feuerwaffen und auch den **Langbogen** mit einer Reichweite von 500 Metern fanden sie „unritterlich". Selbst eine schwere Rüstung bot dagegen keinen Schutz. So wurden ganze Ritterheere von einfachen Soldaten und Bauern besiegt. Denen kamen allmählich Zweifel daran, ob Gott die Gesellschaftsordnung tatsächlich so wollte, wie sie war. Ein neues Zeitalter brach an … und Ritter verloren an Einfluss, Glanz und Ansehen."

Still reisen sie durch die Nacht. Als Onkel Ingmar auf der Dracheninsel landet, klettern die Freunde aus dem Koffer.

„Na gut", sagt Matilda da. „Es gibt also keine Ritter mehr …"

„Außer im Land der Ritter!", wirft Kokosnuss schnell ein.

„… und wenn ich das richtig verstanden habe, waren nicht alle Ritter nette Menschen", fährt Matilda fort.

„Da muss man sich ja nur den fiesen Franz ansehen", grummelt Oskar.

„ABER!", sagt Matilda – und die Drachen sehen sie erwartungsvoll an. „Die Ritter haben doch für was Wichtiges gesorgt: Bis heute wird einer, der stark und selbstbewusst ist und für andere kämpft, als ritterlich bezeichnet."

Onkel Ingmar nickt. „Ja, Rittertugenden sind noch für viele ein Vorbild."

„Genau, ritterlich zu sein, ist voll gut!", sagt Kokosnuss.

„Deswegen bauen wir morgen die schönste Ritterburg aller Zeiten und spielen Ritter!"

„Oh ja!", rufen Matilda und Oskar.

„Und ich kann mich in mein Lieblings-Ritterbuch vertiefen", sagt Onkel Ingmar.

Bei diesem Buch wurden die durch das verwendete Material und die Produktion entstandenen CO_2-Emissionen ausgeglichen, indem der cbj-Verlag ein Projekt zur Aufforstung in Brasilien unterstützt.
Weitere Informationen zu dem Projekt unter:
www.ClimatePartner.com/14044-1912-1001

MIX
Papier aus verantwortungsvollen Quellen
FSC® C043106
FSC
www.fsc.org

Wir produzieren Klimaneutral
ClimatePartner.com/14044-1912-1001
Druckprodukt

Verlagsgruppe Random House
FSC® N001967

1. Auflage 2020

„Der kleine Drache Kokosnuss“ ist eine Figur von Ingo Siegner.
Texte: Anna Taube, Bad Rodach
Lektorat: Hjördis Fremgen
Artwork und Design: Alfred Dieler, Darmstadt
Umschlagkonzeption: Init GmbH, Bad Oeynhausen
hf · Herstellung: AJ
Satz und Reproduktion: Lorenz & Zeller, Inning a. A.
Druck: Grafisches Centrum Cuno GmbH & Co. KG, Calbe
ISBN 978-3-570-17735-8
Printed in Germany

www.cbj-verlag.de
www.drache-kokosnuss.de
www.youtube.com/drachekokosnuss

Dieses Buch ist auch als E-Book erhältlich.

Alle Kokosnuss-Abenteuer auf einen Blick:

1. Der kleine Drache Kokosnuss – Seine ersten Abenteuer (groß: 978-3-570-17566-8 und klein: 978-3-570-17567-5)
2. Der kleine Drache Kokosnuss feiert Weihnachten (groß: 978-3-570-17565-1 und klein: 978-3-570-17564-4)
3. Der kleine Drache Kokosnuss kommt in die Schule (978-3-570-12716-2)
4. Der kleine Drache Kokosnuss – Hab keine Angst! (978-3-570-12806-0)
5. Der kleine Drache Kokosnuss und der große Zauberer (978-3-570-12807-7)
6. Der kleine Drache Kokosnuss und der schwarze Ritter (978-3-570-12808-4)
7. Der kleine Drache Kokosnuss – Schulfest auf dem Feuerfelsen (978-3-570-12941-8)
8. Der kleine Drache Kokosnuss und die Wetterhexe (978-3-570-12942-5)
9. Der kleine Drache Kokosnuss und die wilden Piraten (978-3-570-13437-5)
10. Der kleine Drache Kokosnuss im Spukschloss (978-3-570-13039-1)
11. Der kleine Drache Kokosnuss und der Schatz im Dschungel (978-3-570-13645-4)
12. Der kleine Drache Kokosnuss und das Vampir-Abenteuer (978-3-570-13702-4)
13. Der kleine Drache Kokosnuss und das Geheimnis der Mumie (978-3-570-13703-1)
14. Der kleine Drache Kokosnuss und die starken Wikinger (978-3-570-13704-8)
15. Der kleine Drache Kokosnuss auf der Suche nach Atlantis (978-3-570-15280-5)
16. Der kleine Drache Kokosnuss bei den Indianern (978-3-570-15281-2)
17. Der kleine Drache Kokosnuss im Weltraum (978-3-570-15283-6)
18. Der kleine Drache Kokosnuss reist in die Steinzeit (978-3-570-15282-9)
19. Der kleine Drache Kokosnuss – Schulausflug ins Abenteuer (978-3-570-15637-7)
20. Der kleine Drache Kokosnuss bei den Dinosauriern (978-3-570-15660-5)
21. Der kleine Drache Kokosnuss und der geheimnisvolle Tempel (978-3-570-15829-6)
22. Der kleine Drache Kokosnuss und die Reise zum Nordpol (978-3-570-15863-0)
23. Der kleine Drache Kokosnuss – Expedition auf dem Nil (978-3-570-15978-1)
24. Der kleine Drache Kokosnuss – Vulkan-Alarm auf der Dracheninsel (978-3-570-17303-9)
25. Der kleine Drache Kokosnuss bei den wilden Tieren (978-3-570-17422-7)
26. Der kleine Drache Kokosnuss und der Zauberschüler (978-3-570-17569-9)
27. Der kleine Drache Kokosnuss bei den Römern (978-3-570-17656-6)
28. Der kleine Drache Kokosnuss und der chinesische Drache (978-3-570-17734-1)

Walthers Bänkellied

„Hört die wunderbar Geschichte, diese
von Herrn Walther von der Blumenwiese,
einst zog er, klein, arm und bescheiden,
als Spielmann durch Feld, Wald und Heiden.
Nach Heldenmut stand nicht sein Sinn,
sang lieber Lied um Liedchen hin.
Doch in schwarzer Rüstung ganz
macht Ärger da der Ritter Franz!
Kein Mann, kein Heer kann den bekriegen!
Nur Drachenlist kann ihn besiegen!
Der Drache sieht echt sauer aus.
Haut Franz aus seiner Rüstung raus!
Der Franz ist fix aufs Pferd gesprungen –
dem Drachen ist der Sieg gelungen!
Doch wer wagt's nun, oh Schreck und Graus,
und fordert diesen Drachen raus?
So groß wie fünf Mann aufeinander,
reißt das Maul weit auseinander!
Da wird von hinten er gepackt,
herumgewirbelt wie ein Sack!